ANALIZA KSIĄŻKI

AF126389

Jane Eyre

• • • • • • • • • • • • • •

CHARLOTTE BRONTË

ANALIZA KSIĄŻKI

Napisany przez Flore Beaugendre
Przetłumaczony przez Kâmil Kowalski

Jane Eyre

· ·

CHARLOTTE BRONTË

CHARLOTTE BRONTË

BRYTYJSKI POWIEŚCIOPISARZ

- **Urodzony w Thornton (Anglia) w 1816 r.**
- **Zmarł w Haworth w 1855 r.**
- **Godne uwagi prace:**
  - *Jane Eyre* (1847), powieść
  - *Shirley* (1849), powieść
  - *Profesor* (1857, pośmiertnie), powieść

Urodzona w 1816 roku Charlotte Brontë uważana jest za jedną z największych angielskich pisarek XIX wieku. Przyszła na świat w skromnej rodzinie z Yorkshire. Po śmierci matki w 1821 roku wychowywana była przez ojca, wykształconego pastora, wraz z bratem i czterema siostrami. W 1846 roku wraz z siostrami zaczęła publikować wiersze pod męskimi pseudonimami. Anne i Emily opublikowały następnie odpowiednio *Agnes Grey* i *Wichrowe Wzgórza,* ale pierwsza powieść Charlotte, *The Professor*, została odrzucona. W 1847 roku ukazała się *Jane Eyre,* która odniosła wielki sukces, a wkrótce po niej *Shirley* (1849) i *Villette* (1853). Ostatnia żyjąca z rodziny Brontë, zmarła w 1855 roku krótko po ślubie.

JANE EYRE

FIKCYJNA AUTOBIOGRAFIA: ŻYCIE KOBIETY

- **Gatunek:** powieść

- **Wydanie referencyjne:** Brontë, C. (1864) *Jane Eyre*. New York: Carleton Publisher.

- **Pierwsze wydanie:** 1847

- **Tematy:** miłość, inicjacja, determinacja, przyjaźń, tajemnica, kobiety, bunt

Jane Eyre została opublikowana w 1847 roku pod męskim pseudonimem Currer Bell. Powieść zaszokowała publiczność swoją zdecydowaną i niekonwencjonalną bohaterką, ale odniosła znaczący sukces. W formie fikcyjnej autobiografii przedstawia historię Jane Eyre, biednej i nieatrakcyjnej młodej sieroty, która próbuje znaleźć swoje miejsce w społeczeństwie, które nie przywiązuje wagi do kobiet. Zostaje guwernantką i przeciwstawia się konwenansom, zakochując się w swoim mistrzu, panu Rochesterze. *Jane Eyre* jest emblematycznym dziełem literatury angielskiej, o czym świadczy liczba adaptacji telewizyjnych i kinowych, które powstały na podstawie powieści.

PODSUMOWANIE

ROZDZIAŁY 1-4

Jane Eyre ma 10 lat i od śmierci rodziców i wuja mieszka w Gateshead Hall u pani Reed, swojej ciotki z małżeństwa. Osierocona i biedna, jest niemile widziana i źle traktowana przez swoją opiekunkę i kuzynów, w tym okrutnego Johna Reeda. Po kolejnej kłótni z nim, Jane zostaje zamknięta w czerwonym pokoju, gdzie doświadcza halucynacji. Traumatyzowana dziewczynka jest nieszczęśliwa i odizolowana. Tylko pielęgniarka, Bessie, czuje do niej jakiekolwiek współczucie. Pani Reed wkrótce postanawia pozbyć się swojej zbuntowanej siostrzenicy, wysyłając ją do szkoły z internatem prowadzonej przez pana Brocklehursta, despotycznego pastora.

ROZDZIAŁY 5-10

Jane przybywa do surowej szkoły, Lowood, gdzie mimo wielu trudów szybko się zadomawia. Kuratorka, słodka panna Temple, stara się poprawić życie uczniów. Jane zaprzyjaźnia się z Helen Burns, inteligentną i pobożną dziewczyną. Wiosną w szkole wybucha epidemia tyfusu, która pozbawia życia połowę dzieci. Helen umiera w ramionach Jane. Po katastrofie pan Brocklehurst zostaje oskarżony o zaniedbanie, a życie mieszkańców poprawia się. Jane szybko opowiada kolejne osiem lat swojego życia, podczas których studiuje i zostaje nauczycielką w Lowood.

W wieku 18 lat, zmęczona monotonną egzystencją, stara się o posadę guwernantki, po czym zostaje zatrudniona przez panią Fairfax w Thornfield Hall. Przed wyjazdem odwiedza ją Bessie, która informuje ją, że brat jej ojca próbował ją odnaleźć.

ROZDZIAŁY 11-16

Jane Eyre zostaje ciepło przyjęta przez panią Fairfax, gospodynię domu, i poznaje jej wychowankę, Adèle, małą 8-letnią Francuzkę. Jane słyszy demoniczny śmiech dochodzący z trzeciego piętra, ale pani Fairfax zapewnia ją, że to Grace Poole, pokojówka, która jest trochę szalona. Podczas spaceru pewnego wieczoru spotyka rannego jeźdźca i oferuje mu pomoc. Odkrywa, że jeźdźcem jest pan Rochester, właściciel posiadłości. Stopniowo poznają się, a mężczyzna opowiada jej swoją historię.

Pewnej nocy Jane znów słyszy śmiech i zdaje sobie sprawę, że ktoś podpalił pokój jej pana: ratuje mu życie. Jane jest przekonana, że to Grace Poole jest odpowiedzialna za tę zbrodnię, ale pan Rochester uważa to za przypadek. Kiedy pan Rochester wyjeżdża na jakiś czas, Jane uświadamia sobie, że żywi do niego silne uczucia.

ROZDZIAŁY 17-21

Pan Rochester wraca do Thornfield Hall z grupą przyjaciół arystokratów i zmusza Jane, by do nich dołączyła. Niespokojna, obserwuje bliskość między swoim panem a panną Blanche Ingram, młodą kobietą o wielkiej urodzie, ale wyniosłą i opętaną bogactwem. Podczas ich pobytu dołącza do nich niejaki pan Mason. W nocy zostaje brutalnie zaatakowany, a Jane podejrzewa Grace Poole. Później mistrz opowiada młodej guwernantce historię mężczyzny, który żałuje błędu popełnionego w młodości i musi pokonać społeczną przeszkodę, jeśli chce żyć z kobietą, którą kocha. Mówi oczywiście o sobie. Jane zostaje wezwana do Gateshead Hall przez swoją umierającą ciotkę. Ciotka zwierza się Jane, że sprawiła, iż brat jej ojca, John Eyre, uwierzył, że Jane nie żyje, gdy ogłosił, że chce ją adoptować i zapisać jej swój majątek. Umiera nie pogodziwszy się z siostrzenicą.

ROZDZIAŁY 22-25

Miesiąc później Jane wraca do Thornfield Hall, gdzie wyraża radość z ponownego spotkania ze swoim panem, pomimo perspektywy jego małżeństwa z panną Ingram. Pewnej nocy znajduje w ogrodzie pana Rochestera: mówi jej, że zamierza poślubić swoją narzeczoną i że musi odejść. Kiedy Jane okazuje swój żal, on przyznaje, że chciał wzbudzić jej zazdrość i prosi ją o rękę. Mimo zaskoczenia, Jane się zgadza. Ślub zaplanowany jest na cztery tygodnie później. Zażenowana sposobem, w jaki pan Rochester ją idealizuje i jego hojnością, postanawia napisać do wuja, aby poczuć, że jest równa w stosunku do jego fortuny. Następnie doświadcza przerażających i ożywionych snów, które wydają się działać jako zapowiedzi.

ROZDZIAŁY 26-28

Kiedy Jane i Rochester mają wziąć ślub w kościele, podnosi się głos, który ujawnia istnienie pierwszej żony Rochestera, która została zamknięta w Thornfield Hall. Małżeństwo zostaje Małżeństwo zostaje odwołane, a Rochester ujawnia swoją żonę, Berthę, niebezpieczną wariatkę, która jest trzymana na trzecim piętrze rezydencji. Opowiada Jane o swojej przeszłości, ale mimo ich miłości, ona postanawia uciec, odmawiając życia jako jego kochanka. Przez trzy dni błąka się jak głodna i chora żebraczka, odrzucona przez wszystkich. W końcu trafia do domu pastora, św. Jana Riversa, i jego dwóch sióstr, które oferują jej schronienie.

ROZDZIAŁY 29-32

Jane odzyskuje siły żyjąc u boku przyjaznych Diany i Mary oraz odległego St. Johna. Nie chce jednak opowiedzieć im swojej historii. John obiecuje, że znajdzie jej pracę. Po miesiącu obie siostry muszą wrócić do swoich stanowisk jako guwernantki. Riversowie obojętnie dowiadują się, że ich wuj John zmarł i wydziedziczył je. Jane otrzymuje posadę nauczycielki w wiosce. Szybko orientuje się, że St. John jest zakochany w młodej kobiecie, Rosamundzie Oliver, ale postanawia zignorować swoją miłość, gdyż chce zostać misjonarzem i wyjechać do Indii. Pewnego wieczoru zauważa coś na rysunku Jane i w tajemniczy sposób wychodzi z pokoju.

ROZDZIAŁY 33-35

Pewnego wieczoru, gdy pada śnieg, St. John opowiada Jane historię młodej sieroty, której wszyscy szukają, gdyż ma ona odziedziczyć 20 000 funtów, pozostawionych przez jej wuja Johna Eyre. Jane, oszołomiona, przyznaje, że jest Jane Eyre. Następnie dowiaduje się, że St. John i jego siostry są jej pierwszymi kuzynami, wydziedziczonymi przez wuja z Madery z powodu starego sporu. Zadowolona, że ma rodzinę, dzieli się z nimi swoim spadkiem. Kilka miesięcy później panna Oliver wychodzi za mąż, a St. John nadal pragnie wyjechać do Indii, prosi więc Jane, by mu towarzyszyła i została jego żoną, by pomóc mu w jego boskiej misji. Zbulwersowana jego chłodem, odrzuca jego prośbę. On wtedy pokazuje ogromną pogardę dla niej. Pod wpływem presji, ma zamiar zgodzić się na to poświęcenie, kiedy wydaje jej się, że słyszy głos wołającego Rochestera, który przerywa trzymanie św. Jana.

ROZDZIAŁY 36-38

Jane natychmiast wyrusza do Thornfield. Zastaje dwór w dewastacji i dowiaduje się, że został on zniszczony w pożarze. Bertha, przyczyna tragedii, popełniła wtedy samobójstwo skacząc z dachu. Pan Rochester, próbując ratować mieszkańców swojego dworu, oślepł i stracił rękę tej nocy. Żyje teraz jako pustelnik w Ferndean, swojej posiadłości ukrytej w lesie. Tam odnajduje go Jane; ich miłość jest niezmienna. Mimo wahania z powodu kalectwa, prosi ją o ponowne małżeństwo. Ona się zgadza. Biorą ślub bez świadków i doświadczają błogiego szczęścia. Jane Eyre kończy swoją opowieść stwierdzeniem, że jest mężatką od dziesięciu lat. Rochester odzyskał wzrok i mieli dzieci. Jej kuzynki są zamężne, a św. Jan, nadal przebywający na Wschodzie, poświęcił ciało i duszę swojej misji, poświęcając dla niej swoje życie.

STUDIUM POSTACI

JANE EYRE

Jane Eyre jest narratorką i bohaterką powieści, którą przedstawia jako swoją autobiografię. Jest owocem małżeństwa bogatej panny Reed i pana Eyre, niskiej rangi pastora, którzy oboje zmarli, gdy była niemowlęciem. Osierocona i biedna, spędza dzieciństwo u nienawidzącej jej ciotki Reed, a następnie w szkole z internatem w Lowood: ma zatem bardzo trudny start w życie.

Przez cały utwór autorka podkreśla jej brak urody: jest opisywana jako mała, wątła i pozbawiona wdzięku, zarówno przez samą narratorkę, jak i przez innych bohaterów. Banalność jej wyglądu nie odzwierciedla jednak jej osobowości: "Jane Eyre […] składa się z dziwnych kontrastów. Jest nieśmiała, ale nie brak jej zuchwałości; uległa, ale zaciekle strzeże swojej niezależności; naiwna, ale pełna zdrowego rozsądku" (Przedmowa). W internacie, po buntowniczym dzieciństwie, udaje jej się nabyć takie cechy jak lojalność i wielkoduszność. Jednak pod swoją powściągliwą naturą kryje się również egzaltowana dusza, zdolna do transgresji i wielkich namiętności. Jej charakter ewoluuje przez całą powieść, a jej uczciwość i zasady są stale kwestionowane, co prowadzi do niuansowania jej kodeksu postępowania. Szukając szczęścia w domu, Jane nieustannie poszukuje wolności – intelektualnej, finansowej i społecznej – i dzięki temu przeciwstawia się sztywności wiktoriańskiego społeczeństwa.

PANIE ROCHESTER

Edward Rochester, najmłodszy syn pana Rochester, jest bogatym dziedzicem majątku Thornfield. Jest w wieku od 35 do 40 lat i również często jest opisywany jako brzydki: "Wyśledziłem ogólne punkty średniego wzrostu i znacznej szerokości klatki piersiowej. Miał ciemną twarz, o surowych rysach i ciężkim czole" (Rozdział 12).

Podobnie jak Jane Eyre, jest pełen sprzeczności: jest jednocześnie twardy i łagodny, wyniosły i prześladowany przez swoje błędy. Namiętny i kapryśny, nie przywiązuje wagi do społecznych konwenansów. Jego przeszłość jest podobna do przeszłości bohaterki: rodzice byli obojętni, a on sam nigdy nie miał prawdziwego domu. Pan Rochester ma za sobą chaotyczną podróż życiową. Dużo podróżował i zachowywał się jak libertyn. O jego losie decydują kobiety w jego życiu.

Miał destrukcyjny związek z francuską tancerką Céline Varens, kobietą ulotną, która jest matką jego domniemanej córki, Adèle. Jego małżeństwo z Berthą Mason skazuje go na nieszczęście i uniemożliwia mu poślubienie swojego alter ego, kobiety, która może go uratować – Jane Eyre.

ST. JOHN RIVERS

Święty John Rivers jest kuzynem Jane. Jest on młodym pastorem małego wiejskiego miasteczka. Narrator opisuje go jako: "wysoki, smukły; jego twarz przykuwała wzrok; była jak twarz grecka, bardzo czysta w zarysach [...]Rzadko, zaiste, twarz angielska zbliża się tak bardzo do antycznych modeli, jak jego. [...] Jego oczy były duże i niebieskie" (rozdział 29).

Ten młody, trzydziestoletni mężczyzna kieruje się gorącą ambicją i jest całkowicie oddany Bogu. Poświęca się misyjnemu przeznaczeniu w Indiach i poświęca wszystko, łącznie z uczuciami swoimi i innych, aby zrealizować swój projekt. Jest zimny i wyniosły, pogardliwy wobec tych, którzy upominają się o swoje człowieczeństwo.

Święty Jan jest antytezą Rochestera: Święty Jan jest czysty i oddany Bogu, podczas gdy Rochester zna tylko namiętność; pastor ma lodowato niebieskie oczy, podczas gdy pan na Thornfield ma ogniste spojrzenie; piękno pierwszego jest kontrastem dla brzydoty drugiego.

Dla Jane poślubienie St. Johna oznaczałoby porzucenie namiętności na rzecz zasad duchowych, natomiast małżeństwo z Rochesterem oznaczałoby porzucenie moralności na rzecz namiętności. Faktem pozostaje, że młody kuzyn Jane jest nijaki i śmieszny w porównaniu z tajemniczym Rochesterem.

BERTHA MASON

Bertha Mason jest córką angielskich i jamajskich rodziców. Bardzo piękna w młodości, uwiodła młodego Rochestera, któremu była przeznaczona ze względu na posag. Ożenił się z nią nie znając jej tak naprawdę i wkrótce zorientował się, że cierpi ona na szaleństwo.

Czytelnik może widzieć w niej symbol uwięzienia małżeństwa w czasach, gdy kobiety były zdominowane przez mężczyzn i nie mogły istnieć samodzielnie. Rzeczywiście ciekawe jest porównanie epizodu, w którym Jane zostaje zamknięta w czerwonym pokoju, z sytuacją Berthy w Thornfield. Ona również wydaje się służyć jako ostrzeżenie dla Jane, która z niechęcią staje przed możliwością związku z namiętnym i władczym Rochesterem. Bertha Mason jest antytezą Jane: reprezentuje mrok i wściekłość, podczas gdy Jane uosabia światło i miękkość; wyraża gniew i strach, podczas gdy młoda nauczycielka tłumi swoje uczucia i lęki. Nie sposób jednak nie zauważyć podobieństwa między tymi dwiema kobietami: obie poddają się Rochesterowi i obie nie wychodzą za niego.

ANALIZA

WPŁYW POWIEŚCI GOTYCKIEJ

Powieść gotycka to gatunek literacki, który narodził się w Anglii pod koniec XVIII wieku. Powszechnie uważa się, że powstała pod piórem Horacego Walpole'a (brytyjskiego pisarza, 1717-1797), autora *Zamku w Otranto* (1764), a także z modowego szaleństwa na przeszłość i gotycką architekturę, obu konsekwencji ruchu romantycznego.

Powieść gotycka jest usiana kliszami: akcja toczy się w mrocznych i cienistych miejscach (np. zamkach, kościołach itp.), a sytuacje, z jakimi spotykają się bohaterowie, zdominowane są przez to, co tajemnicze i diaboliczne, przez sekrety przeszłości czy nawet przez nieokiełznaną naturę. Opowieść rozgrywa się zatem w atmosferze nadprzyrodzonej.

Jane Eyre zawiera elementy tego gatunku. Lowood, Moor House i Thornfield Hall to odosobnione miejsca, w których rozgrywają się szalejące burze. Thornfield, podobnie jak Gateshead Hall, to stara rezydencja, z labiryntem ciemnych i niepokojących korytarzy, w których Rochester skrywa swoje tajemnice. Pojawiają się też liczne opowieści o snach narratora, które często są przerażające i przeczuwające. Wszystkie te elementy przewijają się przez powieść, tworząc atmosferę zbliżoną do nurtu gotyckiego. Charlotte Brontë wprowadza również sceny, które można odnieść bezpośrednio do tego gatunku, jak np. scena z czerwonym pokojem, w którym mała Jane wierzy, że widzi ducha zmarłego wuja, co jest doświadczeniem, które naznaczy ją na zawsze, czy scena, w której nocą odwiedza ją Bertha Mason, którą porównuje do wampira: "Czy mam ci powiedzieć, co mi to przypomniało? […]O złym niemieckim widmie – wampirze" (rozdział 25). Można jednak zauważyć, że autor zawsze daje możliwość znalezienia wyjaśnienia tych tajemniczych wydarzeń: światło pojawiające się na ścianie czerwonego pokoju to odbicie od latarni, wampir to tak naprawdę pierwsza żona Rochestera itp. Dopiero pod koniec utworu zostajemy z pytaniem bez odpowiedzi: tajemnica wołania Rochestera usłyszanego przez Jane w Moor House zostaje potwierdzona i nie ma żadnego racjonalnego uzasadnienia. Czytelnik zostaje więc pozostawiony do interpretacji tego niesamowitego faktu.

Jane Eyre jest więc wyraźnie potomkiem nurtu gotyckiego, który w czasach pisania Charlotte Brontë był jeszcze powszechny. Autorka nie dąży jednak do napisania powieści tego typu: wykorzystuje głównie nieodłączne cechy gotyku do utrzymania napięcia i spotęgowania romansu wpisanego w fabułę.

DZIEŁO FEMINISTYCZNE

Jane Eyre tworzy obraz kondycji kobiet, który nie jest pozbawiony feministycznych konotacji. W społeczeństwie wiktoriańskim połowy XIX wieku kobiety nie miały możliwości osiągnięcia wolności i niezależności. Jednak dążenie do jednego i drugiego zdaje się dręczyć bohaterkę od dzieciństwa. Demonstruje ona niezależność umysłu, konstruując własne opinie. Pragnie również wyzwolić się z opresji społecznej poprzez posiadanie własnego majątku, który pozwoli jej być równą Rochesterowi i uznać go za męża, a nie pana. Powstaje przeciwko konwencjonalnym ideom, które etykietują kobiety jako gorsze od mężczyzn. W rozdziale 12 znajduje się jeden akapit, który jest szczególnie odważny i nowoczesny jak na swoje czasy i wzywa do równości płci:

> «Kobiety mają być ogólnie bardzo spokojne, ale czują tak samo jak mężczyźni; potrzebują ćwiczeń dla swoich zdolności i pola dla swoich wysiłków, tak samo jak ich bracia; cierpią z powodu zbyt sztywnego ograniczenia, zbyt absolutnej stagnacji, dokładnie tak samo jak mężczyźni; i jest ciasnotą w ich bardziej uprzywilejowanych współtowarzyszach mówić, że powinny ograniczać się do robienia puddingów i dziergania pończoch, do grania na fortepianie i haftowania torebek. Bezmyślnie jest potępiać je lub śmiać się z nich, jeśli starają się robić więcej lub uczyć się więcej, niż zwyczaj uznał za konieczne dla ich płci» (rozdział 12).

Jane Eyre musi nieustannie walczyć, aby uciec przed męską opresją, czy to ze strony pogardliwego pana Brocklehursta, który stara się ją upodlić, czy ze strony St. Johna Riversa, który chce ją uwięzić w bezmiłosnym małżeństwie, które jest sprzeczne z jej naturą, czy też ze strony pana Rochestera, przy czym każdy z tych mężczyzn jest mizoginiczny. Ona również popełnia dwa akty wobec Rochestera, które wydają się szczególnie feministyczne: pierwszy, kiedy odmawia przyjęcia biżuterii i pięknych sukien, ponieważ uważa, że chce on uczynić ją obiektem ceremonialnym przez to, a drugi, kiedy opuszcza go, odmawiając bycia tylko jego kochanką i nigdy nie mogąc osiągnąć równego statusu. Jej odwaga i zdolność do porzucenia wygód i bezpieczeństwa dowodzą, jak wysoko stawia ona swoją godność i uczciwość, i nie można się dziwić, że takie lekceważenie norm społecznych szokowało współczesnych Charlotte Brontë. Trzeba jednak zauważyć, że tak upragniona niezależność bohaterki pochodzi od mężczyzny, jej wuja. Powieść kończy się paradoksalnym zapętleniem:

młoda Jane domaga się wolności umysłu i musi uciekać od blokujących jej drogę męskich postaci, ale to jednak dzięki jednej z nich udaje jej się zrealizować swoje pragnienia i wrócić do mężczyzny, którego kocha.

Roszczenia Jane Eyre są więc symboliczne i wydają się naturalne dla bohaterki. Stanowią niejako przedsmak feminizmu, którego rozwój jest współczesny pisaniu powieści. Charlotte Maurat podsumowuje rozmach autorki: "Po raz pierwszy Charlotte Brontë, wyprzedzając swoje czasy, opowiada się w *Jane Eyre* za społeczną emancypacją kobiet. Świadomość i dostrzeżenie jej praw były po prostu dowodem na jasnowidzącego ducha, dumną duszę" (Przedmowa).

RELIGIA

Przez całą powieść narratorka jest rozdarta między dążeniem do szczęścia a swoimi moralnymi i religijnymi obowiązkami, które zostały wpojone jej w trakcie edukacji. Temat religii jest w *Jane Eyre* kluczowy. Uosabiają go trzy postacie napotkane przez bohaterkę, trzy modele, do których nie może się ona dostosować. Wielebny Brocklehurst jest pierwszym przedstawicielem Boga, którego spotyka czytelnik. Wykazuje się surowością i sztywnymi zasadami: zadaje mieszkańcom trud, by nauczyć ich pokory, czerpiąc z ewangelickiego protestantyzmu. Jego nakazy są pozbawione dobroczynności, współczucia i szczerości. Choć wyznaje surowość u innych, to we własnym domu zachęca do próżności i luksusu. Najwyraźniej wykorzystuje religię do ustanowienia władzy nad swoją trzodą. Kontrast tyrańskich metod Brocklehursta z zachowaniem Helen Burns jest uderzający. Wiara przyjaciółki Jane jest bezgraniczna i pozbawiona hipokryzji. Jest tolerancyjna i uległa do granic możliwości, każdą niesprawiedliwość traktując jako znak boskiej woli. Wciela w życie biblijną zasadę: "Jeśli cię ktoś uderzy w policzek, nadstaw mu i drugi". Młoda Helenka wyobraża sobie szczęście tylko w raju. Tymczasem św. Jan Rivers proponuje zimną i ambitną wizję religii, całkowicie oddaną swoim ideałom kosztem wszelkiego sensu i wartości ludzkich. Opowiada się za bezwzględnym poświęceniem i nie jest zdolny do współczucia. Robert de Traz wyraża negatywny aspekt jego postaci: "Namalowanie świętego i pokazanie drugiej strony jego świętości jest niemal niemożliwym celem Charlotte, a jednak pięknie wykonanym" (DE TRAZ R., *La famille Brontë,* Paris, Albin Michel, 1939, s. 135).

Jane nie może zadowolić się tymi trzema ekstremistycznymi i karykaturalnymi koncepcjami wiary, ponieważ nie pasują one do jej własnej osobowości, ale pozostaje bardzo religijna. Udaje jej się zbudować własną koncepcję religii, w której widzi sposób na okiełznanie nieumiarkowanych namiętności i dojście do pełnej samowiedzy. Porównując różne praktyki bohaterów, Charlotte Brontë oferuje ostrą satyrę na hipokryzję i próżność niektórych przedstawicieli Boga, uosabianych przez pana Brocklehursta.

DALSZA REFLEKSJA

KILKA PYTAŃ DO PRZEMYŚLENIA...

- W jaki sposób możemy postrzegać *Jane Eyre* jako powieść o nauce?

- Jakie są wpływy romantyzmu na powieść?

- Charlotte Brontë użycza swoim głównym bohaterom pewnych elementów autobiograficznych. Czym one są? Czy możemy zatem uznać ten utwór za relację autobiograficzną?

- Czy uważasz, że Jane Eyre jest wiarygodnym narratorem? Czy też, Charlotte Brontë zaprasza czytelnika do czytania między wierszami? Wyjaśnij swoją odpowiedź.

- Pan Rochester i Jane Eyre są opisani jako pozbawieni urody. Co Twoim zdaniem ujawnia się w tym podkreślaniu ich nieciekawej budowy ciała?

- W utworze powraca motyw matki zastępczej. W jaki sposób się on przejawia?

- Postacie kobiece są liczne w *Jane Eyre*. Wyjaśnij, jak każda z nich oferuje inną reprezentację kobiet.

- Podkreśl występowanie kontrastu między ogniem a lodem. Twoim zdaniem, co to symbolizuje?

- Ucisk klas społecznych i przekraczanie konwenansów to ważne tematy w powieści. Przeanalizuj, w jaki sposób Charlotte Brontë porusza ten delikatny temat.

- Przeanalizuj epizod związany z czerwonym pokojem. Jak można go interpretować i jaka jest jego rola w utworze?

- Charlotte Brontë w swojej powieści zachowuje się nieco szowinistycznie. Rozwiń tę teorię, analizując postacie Céline Varens i Adèle.

DALSZE CZYTANIE

WYDANIE REFERENCYJNE

Brontë, C. (1864) *Jane Eyre*. New York: Carleton Publisher.

BADANIA REFERENCYJNE

De Traz, R. (1939) *La famille Brontë*. Paris: Albin Michel.

ADAPTACJE

Jane Eyre. (1944) [Film]. Robert Stevenson. Dir. USA: Twentieth Century Fox Film Corporation.

Jane Eyre. (1996) [Film]. Franco Zeffirelli. Dir. France: Cineritino S.r.L.

Jane Eyre. (2011) [Film]. Cary Joji Fukunaga. Dir. UK/USA: Focus Features.

Chcemy usłyszeć od Ciebie, co się dzieje!
Zostaw komentarz na temat swojej internetowej biblioteki
i podziel się swoimi ulubionymi książkami w mediach społecznościowych!

Wydawca zapewnia o wiarygodności publikowanych informacji, co jednak nie może wiązać się z jego odpowiedzialnością.

www.50minutes.com

Master ISBN: 9782808694766
Papierowy ISBN: 9782808616164
Depozyt prawny: D/2023/12603/1896

Verhaal: © Primento

Projekt cyfrowy: Primento, cyfrowy partner wydawców.